मन के मंजीरे

मन के मंजीरे

(रूहानी इश्क़ की इबादत में रचे लव नोट्स)

रचना भोला 'यामिनी'

ISBN : 9789386534446

प्रथम संस्करण : 2018 © रचना भोला 'यामिनी'
MANN KE MANJEERE (Poetry) by Rachna Bhola 'Yamini'

राजपाल एण्ड सन्ज़

1590, मदरसा रोड, कश्मीरी गेट, दिल्ली-110006
फोन : 011-23869812, 23865483, फैक्स : 011-23867791
e-mail : sales@rajpalpublishing.com
www.rajpalpublishing.com
www.facebook.com/rajpalandsons

उसके लिए

जो
जुनूँ है मेरा,
जो बजाया करता है
इश्क़ का रबाब,
जिसके होने से
हुआ मेरा
तसव्वुर ज़ेबा!
और कौन?
मेरा रंगरेज़...
मेरा रंगरसिया...

'धीर' संजय भोला

क्रम

अपनी बात...

ऐन-इश्क
जिन्हाँ दी हड्डीं रच्या,
रहन उह चुप-चुपाते हू।
लूँ लूँ दे विच लक्ख जुबानाँ
करन उह गुंगियाँ बाताँ हू।

सूफ़ी हज़रत सुलतान बाहू सच ही तो कह गये; प्रेम जिनकी हड्डियों में रचता है, वे ख़ामोश हो जाते हैं। मन के भीतर बसे प्रेम को अभिव्यक्त करने के लिए देह के रोम-रोम में लाखों जुबाँ आ जाती हैं और होने लगती हैं गूँगी बातें।

ठीक उसी पल में, इश्क़ हो उठता है उसकी ख़िदमत। दुनियावी हक़ीक़तों से परे, इश्क़ बन जाता है एक इबादत। ठीक उसी पल में राँझा-राँझा करती हीर, आप ही राँझा हो उठती है। लाल की लाली देखने को निकली नायिका भी हो जाती है लालो-लाल। अपनी छवि पर निछावर हो कर पिया के पास जाने वाली, भूल जाती है अपनी छवि भी...

कबीर कहते हैं, ख़त्म हो जाते हैं सारे इंतज़ार–

हमारा यार है हममें,
हमन को इंतज़ारी क्या।

खुसरो कहते हैं, मिट जाती हैं सभी चिन्ताएँ–

जब यार देखा नैन भर,
दिल की गयी चिन्ता उतर।

बुल्ले शाह कहते हैं, नाच उठते हैं बेताले भी-

जिस तन लगया इश्क़ कमाल,

नाचे बेसुर ते बेताल।

हज़रत ख़्वाजा मोइनुद्दीन चिश्ती को दिखने लगता है बस इक वही-

ख़ुदी की पोशाक को गर

तू तार-तार कर दे,

तो साफ़ नज़र आये कि

लिबास के अन्दर है वही।

शम्स तब्रीज़ी कहते हैं-

अक्षर और बोली की हद से आ बाहर

और जान ले उस शब्द को

जिसे कहा नहीं जा सकता।

मौलाना रूमी हारने के बाद कह उठते हैं-

इश्क़ हरा देता है सबको,

मैं हारा हुआ हूँ।

ख़ारे इश्क़ से

शक्कर सा मीठा हुआ हूँ।

इस क़िताब के पन्नों पर भी उसी इबादत की लरज़ती ख़ुशबुओं के चन्द क़तरे हैं, जो ज़िन्दगी को इत्र सा महकाये रखते हैं। क़ायनात में इश्क़ इतने रंगों और रूपों में बसा है कि इसे देखने के लिए आपको मन की आँखों से देखना होगा, दिल की धड़कनों से सुनना होगा और रगों में बहते लहू की रवानी-सा महसूस करना होगा। मैंने भी उसी एहसास को अल्फ़ाज़ का लिबास दिया है, जो तक़रीबन नामुमकिन-सा काम रहा। हर बात कहने के बाद भी अधूरी जान पड़ती है और लगता है कि बस वही सच है, जो नहीं कहा। बस वही तो कहना था, जो कहना बाक़ी रह गया। कह देने और न कह पाने की इसी जिद्द-ओ-जहद का नतीजा हैं, ये लव नोट्स।

आप सबसे गुज़ारिश है कि इन्हें किसी भी तरह के साँचे में न ढालें। इश्क़ कब सरहदों और दायरों में बँधा, ये कब समाया किसी तजवीज़ में!

जीवन में कितने ऐसे क्षण आते हैं, जब कोई छोटी-सी बात या अनुभूति भी मन-प्राण को संजीवनी दे जाती है। जब कोई ज़रा-सी छुअन, कोई दबी मुस्कान या छोटी-सी चितवन भी अन्तरात्मा को खिला देती है। जब प्रेम को कहने के लिए किसी साधन की आवश्यकता नहीं रहती, जब अँखियों ही अँखियों में कही जाने वाली बातें भी विराम पा लेती हैं और मन करने लगते हैं मौन सम्प्रेषण।

जब साथी की कोई अदा, कोई भाव मन को यूँ छू जाये,
मानो किसी नवजात शिशु ने अपनी नन्ही मुट्ठी में थाम ली हो अँगुली।
जब किसी का नाम लेने से उसी तरह नसों में बहने लगे प्यार,
जैसे किसी दुधमुँहे के हिलते होंठों के कम्पन से
माँ की छाती में दूध उतर आता है।
तब लिखे जाते हैं, ये लव नोट्स।

तब उतरते हैं ये शब्द जब हम संसार के भीतर, संसार से ही परे, अपनी एक नई चेतना रचते हैं, जिसमें हमारे अहं तक के प्रवेश पर होती है मनाही। तब उतरती हैं ये पंक्तियाँ, जब हम प्रेम में अपने से भी अधिक, दूसरों को बना देते हैं अपरिहार्य! जब हम स्वार्थ के ढोंग से दूर, करते हैं तन-मन से सेवा!

तब लिखे जाते हैं, ये लव नोट्स;
जब प्यार किसी राह चलते राहगीर के
होंठों की प्यास बन कर मुखरित हो उठता है।
जब नदी किनारे पड़ा पहाड़ी गोल पत्थर,
नाना रंगों में सज कर, किसी के घर की जीनत हो जाता है।
जब दौड़ने लगता है रगों में ख़ुदा और दिल में खिलने लगते हैं
उसकी नेमतों और रहमतों के फूल...

यह मेरा आभार है, समर्पण है, यह मेरा प्रेम है किसी के लिए, यह मेरी प्रार्थना है किसी के लिए; जो मेरे जीवन में ईश्वर के अनकहे वचनों का संदेश बन कर आया। जिसने मेरा गान सुना; जिसने मेरी धुन में अपने साज़ की लय मिलाते हुए मुझे रूपान्तरित कर दिया; जिसने मेरी शिराओं में बहते प्रेम को प्रवाहित होने में सहायता की; उसके प्रति अनुग्रह, वह मेरे जीवन में दिव्य प्रेम को सबके बीच बाँटने का माध्यम बना।

मेरी ख़ुशक़िस्मती है कि मेरे आसपास सदा अपने स्नेह की अजस्त्र ऊर्जा प्रदान करने वाले प्रियजन रहे हैं। उन्होंने मुझे मेरी ही सीमाओं और सुविधाजनक दायरों को तोड़ कर उनसे बाहर आने को प्रेरित किया है। उन्होंने बार-बार, निरन्तर विश्वास दिलाया है कि मेरे ये शब्द उसी जुनून, उसी आवेग को पाठकों तक प्रेषित करने की क्षमता रखते हैं, जिस जुनून और हार्दिकता के साथ इन्हें रचा गया।

लव नोट्स को क़िताब की शक्ल में लाने की सबसे पहली प्रेरणा, मुझे मेरे बेटे कुशल से मिली। एक लेखिका माँ के लिए इससे बड़ी प्रशंसा क्या होगी, जब उसकी अपनी सन्तान उसके लिखे को दिल से सराहे। उसने ही पहले लव नोट को पढ़ कर कहा था, 'इनकी तो क़िताब छपनी चाहिए।' माँ के जीवन की इस छिपी साध को पूरा करने का निमित्त बनने वाले, रब तेरी सारी मुरादें पूरी करे। तुझ पर माँ वारी!

शिखा सूद के लिए ढेर सारा प्यार और मीठी-सी गलबाँही, जिसने लव नोट्स में छलकते इश्क़ के ठंडे मीठे शरबत की एक-एक बूँद को अपने गले से नीचे उतारते हुए मुझे सुझाव दिए।

औपचारिक आभार स्वरूप एक सजीला धन्यवाद, 'धीर' संजय भोला के लिए तो बनता ही है, जिन्होंने व्यस्त दिनचर्या के बीच भी पुस्तक के अन्तिम प्रारूप के एक-एक शब्द पर काम करते हुए, मुझे अपना सहयोग दिया। हालाँकि इन शब्दों से उस आभार की समाई संभव नहीं है।

मेरे इष्ट-मित्र, मेरे परिवार के अन्य सदस्य; जो निरन्तर मेरे असामाजिक

होने की मार झेलते हुए; मुझसे दूर रह कर भी लगातार मेरा हौसला बने रहते हैं, आप सबको असीम स्नेह।

मेरा पाठकों के प्रति प्रेमाभार, जिन्होंने कुछ शुरुआती लव नोट्स पढ़ कर बहुत भावभीनी फीडबैक दी, जिसने मेरा उत्साह दुगना कर दिया।

बाहू कह गये हैं–

न मैं सेर, न पाअ छटाकी, न पूरी सरसाही हू।

न मैं तोला, न मैं मासा, गल्ल रत्तियाँ ते आई हू।

रत्ती होवाँ रत्तियाँ तुल्लाँ, ओह वी पूरी नाही हू।

वज़न तोल तद पूरा होसा सी, जद होसी फ़ज़ल इलाही हू।

(मैं न सेर हूँ, न पाव, न छटाँक, न सरसाही; मैं तोला या माशा भी नहीं। मैं तो पूरी एक रत्ती भी नहीं हूँ। अगर उसके रंग में रत्ती होती तो रत्तियों के साथ तुल जाती, मगर अफ़सोस वो भी तो नहीं हूँ। मेरा तोल तभी पूरा होगा जब उस परमात्मा की मेहर मुझ पर होगी।)

मैं भी उसी परमात्मा की मेहर की आकांक्षी हूँ जो ज़र्रे–ज़र्रे को हमेशा अपने नूर से रोशन रखता है।

अँधेरों से उजाले पाये हैं मैंने,

उसके नूर से ही जगमगाती हूँ मैं।

लव नोट्स का ये सिलसिला कभी न थमने वाला एक दरिया है। यह मेरी साँसों के साथ बहता है। भला मौत से पहले भी कहीं साँसें थमती हैं? आप इन्हें पढ़ें, गुनें, इनमें रचें, इनकी ख़ुशबुओं में पगें, इन सूफ़ियाना एहसासों में झूमें....

आपकी

रचना भोला 'यामिनी'

हसीं गुस्ताख़ियाँ

ये जो तुम गाहे-बगाहे
अचानक अपने हाथों से
मेरी गर्दन के पिछले हिस्से को
सहला जाते हो,
जानते भी हो...
बदन से होते हुए
मेरी रूह तक
उस छुअन की
सिहरन दौड़ जाती है।
और देर तक मेरे आसपास
तुम्हारी अँगुलियों की
भीनी महक मँडराया करती है।
भला ऐसी शिद्दत से भी कोई छूता है किसी को...

सरगोशियाँ

मेरा आशियाना अक्सर
उसकी बातों और किस्सों से गुलज़ार रहता है।
मैंने तोशा-ख़ाना में पुरानी यादों की तहों के नीचे छिपा दी हैं
उसकी उदासियों की आहटें।
लिविंग रूम में झूलते झूले पर सजे,
लाली बिखेरते गावतकियों पर
धरे रहते हैं उसके अरमान,
मेरी साधें नहीं जमने देतीं उन पर धूल।
उसकी हँसी को बुरी नज़र से बचाने की ख़ातिर
घर में लटका रखी हैं मन्नतें,
नन्हे मोतियों और घंटियों की लटकन सी पिरो कर।
उनकी टुनटुनाहट से क़ुबूल होती हैं मेरी दुआएँ।
उसकी आँखों की चमक को बचाये रखने के ख़ातिर
सूरज घोल कर रख छोड़ा है एक मटकी में।
चाँद अलसुबह जाते-जाते दे जाता है अपनी हाज़िरी
और मैं उसकी हल्की उजास,
सहेज देती हूँ उस कुशन के पीछे,
जिसे वह आदतन बैठते हुए अपनी गोद में ले लेता है।
उसकी कॉफ़ी वाले मग में मिला देती हूँ,

एक मुट्ठी अपनी सरगोशियाँ।
वह घूँट-घूँट उतारता है मुझे भीतर...
देखना एक दिन,
उसके जिस्म से मेरी चाँदनी फूटेगी!

पहली जुम्बिश

तुम्हारे माथे के दाईं ओर,
कनपटी पर जो नीली-सी नस उभरती है न....
ये वही नस है
जिसे मैंने तुमसे भी पहले चाहा था।
तुमसे मिलने के बाद,
मारे लाज के निगाह उठती नहीं थी
और मेरी चोर नज़रें
उसी नस से दिल लगा बैठी थीं।
मैंने अपना पहला चुम्बन वहीं तो दिया था।
जब मेरे लबों की पहली जुम्बिश ने
उस नस को छुआ था,
तो वह कैसे सिहर-सिहर उठी थी।
याद करती हूँ,
तो आज भी होंठों पर
तुम्हारे नमक का ज़ाइक़ा उभर आता है।
वो पल
मेरी ज़िन्दगी के कुछ अज़ीज़
और दिल के बेहद क़रीब रहने वाले
पलों में से था।

मेरी ज़िन्दगी के ऐसे ही कुछ
मीठे-नमकीन और बेहतरीन लम्हों के
जागीरदार हो तुम
ऐई सुनो...
वह पल उस चुम्बन संग
वहीं कहीं टँका होगा,
सँभाले रखना।

लव नोट्स

उसे बयाँ करने को ही

नज़्में औ अशआर रचती हूँ मैं,

उसी के लिए ये लव नोट्स लिखा करती हूँ मैं।

वो मेरे लबों पर इक मचलती नज़्म,

मेरे ख़्यालों में बसे अधूरे शे'र को पूरा करने वाला

आख़िरी मानीखेज़ लफ़्ज़।

वह मेरे माथे के ठीक बीच का खिलता कँवल है...

दुनिया की अला-बला से बचाने को ही

बड़ी-सी काली गोल बिंदिया लगाये रखती हूँ मैं।

वह मेरी डायरी के पन्नों में कैद प्रेम सरीख़ा,

उसे ही बस में करने को

ख़्यालों के अंबार लगाये रखती हूँ मैं।

वह मेरी ज़िन्दगी का इक हसीं हादसा

उसे बार-बार लगातार, दोहराया करती हूँ मैं।

उसकी धुन मेरे मन में बसी रहे,

इसी सोच से हर रात,

उसके तकिए पर सिर धरे

उसकी उतरी कमीज़ को सीने से लगाये रखती हूँ मैं।

जिस्म बस इक दुनियावी मौजूदगी...

उसकी महक और लम्स[1] है
अबद[2] और अज़ल[3],
और हमारा इश्क़
बस ये जिस्म भर नहीं।

---

1. स्पर्श 2. अनन्त 3. आदिकाल

मन्नतें

उसके हाथ चूमे, आँखों से छुए,
दिल का भीना लोबान जलाया।
मन्नतों के कुछ कच्चे रेशमी धागे बाँधे
उसके मन की दहलीज़,
उम्मीदों के कुछ क़तरे छींटे उसके आँगन में,
आस के कुछ फूल बिखेरे उसके दामन पर,
मुहब्बतों का भीना धूप जला कर
महकाया उसका वजूद।
और मैं समूची दुआ हो उठी,
आती-जाती साँस में उसकी साँसें सिमरती रही।
अल्फ़ाज़ का क्या काम ?
सब कुछ तो पहले ही नवाज़ चुका वो
हिरस क्या रखनी ?
उसका होना ही
मेरी सबसे बड़ी मन्नत के कुबूल होने सरीख़ा है !

तिलों की गिनती

उसकी पीठ पर
तिलों की गिनती
दिन-ब-दिन बढ़ती जाती है।
कहता है पिगमेंटेशन का असर है।
पर मैं जानती हूँ,
हमारी देह पर बने ये तिल
जीवन के गुप्त प्रेम प्रसंगों का परिचय देते हैं।
ख़ुशनसीब हूँ....
वह मेरे हर रूप को चाहने लगा है...
हमारे गुप्त प्रेम प्रसंगों की गिनती
बढ़ती ही जा रही है।
उसकी देह पर धरे
एक-एक तिल के पीछे छिपी
प्रणय गाथाओं की अद्भुत प्रिया
मैं ही तो हूँ।

मैं बंजारन

बंजारा अपने हाथों की छुअन से
खोल देता मन की सारी उलझी डोरियाँ।
डेरे पर चारों ओर,
उसके आने की ख़बर से मच जाती धूम।
बंजारन इंद्रधनुषी रंगों में निखरी देह लिए
उसकी बलिष्ठ भुजाओं में यूँ आती,
मानो आसमान में उग आये हों काले बादल
और झर-झर बरसने वाला हो मेंह।
बंजारा यूँ देखता उसे,
मानो कभी देखा न हो।
यूँ छूता उसे,
जैसे कभी छुआ न हो।
पल भर में
उसकी देह की माटी सोंधी हो उठती।
उठने लगती उसमें से
अनजानी, अनूठी मदमाती नशीली गंध,
कहीं पीछे छूट जाता
उसका साज-शृंगार, उसके इत्र-फुलेल।
बंजारे की अपनी सुवास के आगे

भूल जाती बंजारन अपनी मर्यादा।
अपने ही किनारों के भीतर शांत बहती नदी
मानो पल भर में
सब भूल-भाल,
तोड़ सारी सीमाएँ
हरहरा उठती।
जान जाती थी बंजारन,
बंजारा सुस्त नदी के सिरहाने
सिर टिकाये सुस्ताने नहीं,
उद्दाम उत्ताल तरंगों-सी
वेगवती नदी में बहने आया है।
बंजारन से मन की बात कहीं छिपती है भला?

रांझणा

कैसे खोल देती
उसकी आहट पर आँखें अपनी
ख़्वाब में मुख़ातिब भी तो वही ज़ालिम था।
लगता है, वह कल रात चुपके से
मेरे कमरे में आया होगा।
रात भर बैठा होगा मेरे सिरहाने,
बालों पर अपने नेह भरे हाथों से दी होंगी थपकियाँ,
होंठों पर फिराई होंगी अपनी मुलायम अँगुलियाँ,
वक्ष पर रख कर सिर
आश्वस्त किया होगा मेरी धड़कनों को।
मेरी हथेलियों पर रख दिए होंगे कुछ ख़्वाब सुनहरे,
आहिस्ता से गले के पास उभरी
नस को चूमा होगा उसने।
मेरी आँख के कोने के पास धरे तिल को देख
भरी होगी आह।
मुझे एकटक निहार कर कुछ देर
चुपचाप लौट गया होगा वो।
आज भरपूर नींद और कच्ची उम्रों से उठी हूँ,
तो जाने कैसे

ज़िन्दगी की वो तमाम उलझनें सुलझी पड़ी हैं,
जो जाने कब से जी का अज़ाब बनी बैठी थीं।
ये मेरे रांझे की आमद का असर नहीं
तो इसे और क्या कहूँ दोस्तो!!

बसावट

उसकी एक पुकार पर जाग उठता
मेरे घर का कोना-कोना।
दीवारें तड़प उठतीं
कोई उन पर नाम कुरेद दे उसका।
पर्दों के शोख़ और बुलंद रंग,
फ़ीक्रे रंगों को डपट कर देते पीछे,
हँस-हँस कर करते उसकी अगवानी।
बरसों-बरस पुराना खोया सामान भी
आप-ही हाज़िरी देने को सामने आ जाता।
यूँ तो हर ज़र्रे-ज़र्रे में
उसके आने की सुगबुगाहट रहती,
पर हमारा प्रेम उस दिखावट से कहीं परे
उस सजावटी बनावट से कहीं अनूठा और अछूता था।
हमारा प्रेम
घर के सजे-सँवरे कोनों,
नकली एंटीक तस्वीरों से सजी
एनेमल पुती रंगीन दीवारों,
प्लास्टिक फूलों के गुलदस्तों,
प्रेम को घटिया और बेहूदे तरीकों से दिखाते पोस्टरों,

देवी-देवताओं के कैलेंडरों,
दीवान पर निहायत करीने से बिछी
फूलदार रेशमी चादरों के एक बराबर लटकते पल्लों,
विदेशों से आयातित
काँच और चीनी मिट्टी के सामान में नहीं था।
वह तो हमारे लिविंग रूम का वो हिस्सा था;
जिसमें हमारे साथ-साथ हर सामान
बाक़ायदा अधूरी सी बेतरतीबी के बीच रहता आया था।
उसी फैले हुए बेलौस बिखरेपन में
पिछले बरसों और महीनों के अधूरे कामों,
कुछ जमा हो गयी फ़िजूल की बातों,
बे-सिर पैर के किस्सों,
धुले, अनधुले, सिलाईयाँ उधड़े हुए
इस्त्री होने वाले कपड़ों की पोटलियों,
पुराने हैंडबैग्स में रखे, जाने कब से सील रहे,
बासी पड़ चुके बहानों के बीच
सिमटी थी हमारी मुहब्बत!

गुम हुई पहचान

जोगिया, कच्ची उम्रों के सिरहाने
तेरा नाम और पता लिख कर सो गयी थी।
उठी तो दूर-दूर तक,
इस दुनिया के बियाबाँ में
तेरा नामो-निशां तक न था।
किसी सूफ़ी फ़क़ीर के
काँसे के कटोरे में खनकते सिक्कों-सी,
तेरी यादें लिए जाने कौन-कौन देस भटकी?
तुझे कहाँ-कहाँ नहीं खोजा?
अपने दिल में गहरे उतरी,
हर कोने में, हर गली में झाँक के देखा!
हर दिशा में कान लगाया,
पर कहीं से तेरी अलख न गूँजी।
सात समंदर के पानी में किए जंतर-मंतर,
जादू-टोने और वशीकरण,
फिर भी तेरा पार न पाया।
तेरी गुम हुई पहचान ने
मुझे कैसा नाच नचाया।
नहीं जानती थी बावरी,

उम्रों के सिरहाने से
भले ही नाम और पते खो जाएँ,
पर नहीं गुमती पहचान कभी।
नहीं छूटता हाथों से पहचान का वह सुख़ लाल रंग,
नहीं खोती पहचान की वह भीनी मदमाती गंध,
नहीं ओझल होती
आँखों से उस प्यारे की अनूठी छब।
इक दिन मूँदी पलकें,
तो दूना अचरज पैर पसारे बैठा था।
तू तो था मेरी ही पलकों की ओट,
बरसों से मेरी पहचान बना।
मेरे ही दो नैनों तले अलख जगाया तूने जोगी!
तेरी माया जान न पाई,
तेरी जोगन इस कूड़ जग ने भरमाई।
दिल माँगे तुझसे मुआफ़ी
मेरे यारा...

बरकत

जब कभी बातें करते-करते

तुम्हारे घुटनों पर सिर रखे

सो जाया करूँ न,

तो मुझे जगाया न करो।

मेरे सपनों की बारात दरवाज़े से लौट जाती है।

मैं तुम्हारी रसीली छुअन में पगे

सपनों की टोकरी सिर पर उठाये

इस बैरी जग में दर-दर भटकना चाहती हूँ।

दुनिया की हर

उदास और बेमानी ज़िन्दगी जी रही

लड़की की झोली में

इन मीठे दिलक़श सपनों की सौगात देना चाहती हूँ।

मैं तुझसे मिले प्यार को

बेमोल बाँटना चाहती हूँ।

इस अनमोल विरासत को

अनजाने चेहरों के बीच वरता देना चाहती हूँ।

तू मेरी ज़िन्दगी का सलोना रविवार है,

मैं इस अवकाश के छोटे-छोटे हिस्से

हर लड़की के गुलाबी गालों में

गड्ढों जैसे बिखेर देना चाहती हूँ।
माँ का कहा भूलता नहीं मुझे....
'मेरी बच्ची!
हर अच्छी चीज़ को थोड़ा बाँट लेने से
उसकी बरकत बनी रहती है।'

उसकी इशरत[1]

ख़ुद को तमाम ज़माने से दूर,

अपने-आप से भी परे,

बड़ी हिफ़ाज़त से रखती हूँ।

उसकी ख़्वाहिशों के जंगल में

अपनी छोटी-छोटी इच्छाओं के पौधों को

ज़िन्दगी के दुःख से भरे रास्तों पर नंगे पाँव,

काँटों और धूल के बीच डगमग करती,

अपने ही कदमों से रौंदती,

उसकी राहें रोशन करती चलती हूँ मैं।

उसके बाएँ कान के पीछे दिखते

छोटे से काले तिल को भी

सौत जान कर,

दो बोल-कुबोल सुना देती हूँ मैं।

चेहरे पर छाई हो

दुःख की बदली,

तो एक मुट्ठी सूरज की धूप

वार देती हूँ उस पर।

माथे पर तिर आएँ

---

1. ख़ुशी

चिन्ता की रेखाएँ,
तो एक-एक लकीर मिटा देती हूँ
अपनी नाज़ुक नज़रों की छुअन से।
चलता है जब वो पथरीली राहों पर
तो अक्सर बिछ जाया करती हूँ
नरम घास सी।
जेठ माह में तपती सड़कों पर
बन जाया करती हूँ
लहलहाती नदी।
शीत ऋतु में
कोहरे से भरी
गुम रातों के बीच
बन जाया करती हूँ रोशनी।
उसकी इशरत जो ठहरी...

लोबानी लम्हे

मैं कम्प्यूटर पर काम करने बैठती,
तो तुम उल्टी कुर्सी की टेक पर मुँह टिकाये बैठे,
जाने कितनी-कितनी देर तक
मेरी पीठ को एकटक तका करते।
मैं धीमे-धीमे उस मीठी आँच में सुलगती,
अपनी पीठ से उठती तपिश के बीच,
उस लोबानी लम्हे की महक से महकती,
चुपचाप अपना काम करती जाती।
और फिर तुम व्यस्त होते चले गये,
उसी व्यस्तता ने बदल दी बहुत सी आदतें,
मुझे यूँ बेवजह तकने की आदत भी उनमें से एक थी।
आदत तो नहीं रही
पर तुम्हारी एक जोड़ी आँखें
आज भी मेरी पीठ पर बँधी हैं।
मैं इस दुनिया को दो जोड़ी आँखों से देखने लगी हूँ।
नवाज़िश, करम, शुक्रिया
मेरे साहिब।

वो शख़्स

वो शख़्स,
जो घुटनों तक पैंट ऊँची चढ़ाये
मेरी ज़िद पर नदी में भीगे पत्थरों पर
दूर तक साथ चला गया था।
वो शख़्स,
जिसके स्कूटर के पीछे बैठ
मैं दिग-दिगंत घूम आई...
धरती के दो छोर माप लिए मैंने।
वो शख़्स,
जिसके साथ ख़ालिस एक्शन मूवी भी
लगने लगती है रोमानी लव स्टोरी।
वो शख़्स,
जो जानता है
अगर इस लड़की के हाथ
कोई नई क़िताब लग गयी
तो अब ये रात भर जगेगी।
वो शख़्स,
जिसने अपने
होंठों की मिसरी क्या चखा दी,

तब से मुई
कोई दूसरी मिठाई नहीं भाती।
वो शख़्स,
जिसके साथ सट कर खड़ी हो जाऊँ
तो अपने ही क़द से ऊँची हो उठती हूँ मैं।
वो शख़्स,
जो बार-बार दिलाता है यक़ीं
दुनिया में अब भी जिया जा सकता है बेख़ौफ़,
अब भी रिश्तों में है गर्माहट बाकी,
अब भी फ़िज़ूल की बातों पर
लगाये जा सकते हैं कहकहे,
अब भी राह चलते को दे कर एक मुस्कान
बना सकते हैं अपना।
वो शख़्स,
जो कभी बड़े भाई सा लड़ाता है लाड,
तो कभी माँ की तरह
हलके नीम बुखार में
माथे पर मलते
बाम के साथ
दे देता है ढेरों सलाहें।
वो जो अनजान रास्तों पर
बड़े ही भरोसे से ले जाता है साथ,
वो जो कभी रूठे,
तो ज़िन्दगी
मीलों-मील वीरान दिखने लगती है।
वो जो कभी प्यार से छू ले,

तो सारा दिन
मन भीग-भीग जाता है।
एक क़तरा दूज का चाँद,
बहुत सी गुनगुनी धूप,
कुछ रिमझिम बरसती बूँदें,
दीपक की जलती लौ,
एक मुट्ठी आकाश,
हवा का एक मदमस्त झोंका,
और धरती का हरे रंग से जगमगाता टुकड़ा,
उस मखमली लाल गोट वाली
रेशमी फुँदनों से सजी
गुत्थी में सहेज
तोहफ़े में दूँगी,
जिसे जाने कब से
किसी ऐसे ही मौके के लिए
सहेज रखा था।
भरूँगी उसे बाँहों में,
और धीरे से कह दूँगी कान में,
उम्र हो तेरी दराज़।
रहूँ तेरे अंग-संग,
जब तलक मुझमें चलती ये श्वास।

तेरी जोगन

याद है, तुम्हारे सीने पर
काले घुँघराले बालों के बीच
एक लाल भभूके रंग का निशान हुआ करता था।
मेरी अंगुलियाँ अक्सर उस से खेला करतीं।
जब पहली बार तेरे सीने पर सिर रखा,
तो दिल की धड़कनों से उठते
साज़ के बीच ही
मुझे अपना सिंगार मिल गया।
इश्क़ के उस सुर्ख़ लाल रंग में
चाहतों और उमंगों का नीला रंग घोला
तो बैंगनी रंग उभर आया।
उदासियों और इंतज़ारों का काला रंग
घोल कर गहरा भूरा बनाया,
तो कभी लाल रंग में दुआओं का
सफेद रंग घोल कर,
गुलाबी रंग का बड़ा सा
गोल टिप्पा माथे पर धर लिया।
जोगिया,
इन दिनों उसी लाल में

जुनूँ का पीला रंग मिला कर,
केसरिया टीका माथे पर लगाये,
सतरंगी चोला पहने
तेरी जोगन बनी डोलती हूँ।
जिस दिन से
मैं जोगी की हुई
तब ये इश्क़ इबादत हुआ।

बेशर्त प्रेम

मेरे बेशर्त प्रेम की
पहली और आख़िरी शर्त था वो।
संभोग के क्षणों में वह अक्सर
बुदबुदाता था कुछ अस्फुट से स्वर।
उन अर्थहीन ध्वनियों का
केवल इतना ही सार था कि
वे मेरे ही कानों में कही जा रही थीं,
वे सारे सुर मुझसे ही तो मुख़ातिब थे।
उन शब्दों में छिपा था उसका प्रणय,
उसका प्रेम-निवेदन,
उसका सृष्टि के प्रति आभार-प्रदर्शन।
उन निरर्थक ध्वनियों में छिपी थी
ब्रह्माण्ड की एक अज्ञात धुन।
वे शब्द साक्षी थे
हमारे जीवन के अन्तरंग क्षणों की
कामुक प्रतिक्रियाओं के,
जिनका आरंभ होता था जितना सरल,
अन्त था उतना ही चरम।
पर उसकी वापिस जाने की धुन

कहाँ रहने देती थी मुझे उसके साथ?
नहीं देख पाती थी उसे मन भर।
हर बार मुझसे दूर जाने के बाद भी
अनजाने में ही सही,
वह बच जाता था मुझमें कहीं।
लौट जाने और थोड़ा-थोड़ा
बचे रहने के कौतुक में
एक दिन,
वह खुद को मेरे पास ही रख कर भूल गया।
इन दिनों,
मेरी देह ही उसका मुकद्दस
ठिकाना है।

रूह का सौदा

जिस्म इक-दूजे की आँच में सुलगते हैं,
इक साथ धधकते हैं,
और किसी तेज़ रोशनी के
अचानक बुझने के मानिंद बुझ जाते हैं।
बात अधूरी ही छूट जाती है हर बार,
जैसे सर्दियों की कुनमुनाती धूप में
कोई जान-बूझ कर
अपना तरसता हुआ दिल
किसी के पास भूल आये।
लम्हे कभी पूरे नहीं पड़ते उसके साथ,
हर मुलाकात
अगली मुलाकात का सिलसिला भर बन जाती है।
हर साँस
जैसे सज़दे में गिरने के बाद
उसके दर से उठना भूल जाती है।
हर छुअन
जैसे एक अधूरी प्यास बन कर
समंदर के तट को छू कर लौटती लहर हो जाती है।
हर एहसास

लफ़्ज़ की कैद से आज़ाद हो कर
कुलाँचे भरना चाहता है।
पर तकल्लुफ़ की चारदीवारी में तड़पता रह जाता है।
मैं हर बार
उसकी हो कर भी
जैसे उसकी होने से रह जाती हूँ।
रूहों का सौदा करना
कब आसाँ हुआ है जानाँ,
सदियाँ बीत जाया करती हैं
सब तेरा-सब तेरा कहते!

मदमाता चुम्बन

न...
भला दो जोड़ी होंठ
आपस में मिलने से भी
कहीं लिपलॉक होता है?
प्रेम का चुम्बन वही
जिसमें होंठ भी
चुम्बन के एहसास से
कहीं परे हो जाएँ।
होंठों की कलियाँ खिलें,
अपनी ही महक में मदहोश हो इतरा उठें।
उस मखमली एहसास की छुअन में
बिसरा दें अपना-आप।
रूह का क़तरा-क़तरा लीन हो जाये खुद में,
प्रेम का गहरा रंग बाकी
हर दूसरे रंग पर हावी हो उठे।
घंटियों की हल्की मधुर टुनटुनाहट में,
दो मन एक हो कर
क़ायनात के सारे रहस्य खोल लें;
और देह की माँग से इतर

आत्मा का पूरा अस्तित्व,
चुम्बनों की मीठी मार से
सराबोर हो उठे...
खिल जाये उसका रोम-रोम,
तब होता है
प्रेम से भरा
मदमाता रसीला चुम्बन!

कलावे की गाँठ

जाने किस जन्म, किस जुग की बात ठहरी...
मेरे स्मृतिपटल पर बार-बार कौंधता है एक हाथ,
लाल कलावे से सजा एक हाथ...
उस दिन, जब पंडित जी
तुम्हारे हाथ पर लाल कलावा बाँध,
रक्षाकवच का मंत्र बुदबुदा रहे थे;
तो मैंने अपना मन
तेरे कलावे की गाँठ से बाँध दिया था।
मंत्र कहाँ आता था मुझे कोई,
तुझे हर बुरी अला-बला से बचाने की ख़ातिर
अपना ही मन वार कर
गुमनामियों की आग में झोंक दिया।
सदियाँ बीत गईं, महरम!
तभी से बेमन हुई घूमती हूँ।
तुझसे क्या मिली, मिटती चली गयी।
इतना मिटी कि निशाँ तक बाकी न रहा,
और जब बेख़ुदी छाई तो ख़ुद को
तुझमें ही बाकी पाया।
पूरा का पूरा...

मानो शून्य में से किसी ने
पूर्ण को पा लिया हो।
जब भी झाँकेगा अपने भीतर,
मेरी ही झलक पायेगा।
तेरे हाथ में बँधी लाल मौली
बस एक धागा नहीं,
मेरी कई जन्मों की साध है, जान!

उसकी साहिबा

मेरी देह का नमक
उसके आँसुओं में घुला था।
मेरी हर बोली, हर बात
उसकी एक चुप में बसी थी।
मैं नींद थी
तो वह ख़्वाब था मेरा,
मैं गर दिन थी
तो वह शाम था मेरी।
मेरी हँसी
उसकी उदासियों पर लगे
ताले की चाबी थी,
मेरी खिलखिलाहट
उसके दिल
के खिलने का
सबब हुआ करती है।
उसकी साहिबा जो ठहरी!

अच्छा सुनो...

अच्छा सुनो...
ये जो तुम अक्सर अपनी स.फेद शर्ट
का दूसरा बटन खोल देते हो न;
तो भीतर छाती से झाँकते वे घुँघराले बाल
पड़ोसियों के घर से अमियाँ चुराते बच्चों से
खिलखिलाया करते हैं।
मैं इन नटखट बच्चों को चूम लेना चाहती हूँ।
इन्हें अपनी अंगुलियों से छू कर,
अपनी मुस्कुराहटें इन पर वार देना चाहती हूँ।
इन काले मुलायम बालों की भूलभुलैया में खो कर,
दुनिया से बेगानी हो जाना चाहती हूँ।
तुम्हारी छाती पर उगे बालों में
उभरते घूमर गिनते-गिनते,
इस धरती का हर राज़ जान लेना चाहती हूँ।
पूरे ब्रह्माण्ड में चक्कर काटते
ग्रह-नक्षत्रों से भी अधिक है इनकी गिनती,
एक-एक घूमर में
तुम जाने कितने-कितने भाव लिए डोलते हो;
मैं हर उस भाव की साक्षी होना चाहती हूँ।
मैं इन्हें अपने अंक में भर कर
ज़ालिम दुनिया से छिपा लेना चाहती हूँ।

गुलाबी बोसा

उसके दिल वाली कुंडी
खुली रहती है मेरे लिए,
बगैर दस्तक
खोल देता है वो दरवाज़ा।
भर लेता है मुझे यूँ अपनी बाँहों में
जैसे बाद सदियों के मिल रहा हो।
वो मुझे रेज़ा-रेज़ा लेता है सहेज,
मीलों-मील पैदल चल
निढाल हुए मुसाफ़िर-सी
उसके आगोश में
सिमट जाती हूँ मैं।
थक जाती हूँ
जब दुनियावी लिबासों से
देह को कपड़ों की कैद से
दे कर रिहाई
अक्सर उसकी मुस्कानें ओढ़ कर
आराम फरमा लेती हूँ।
वह मेरी पेशानी पर धरता है
सुकूँ से भरा

एक नन्हा गुलाबी बोसा,
तो पल भर में
महकती–महकाती
ज़ीस्त हो जाती हूँ।
रांझणा अपनी झोली से
जब बाँटता है बरकतें;
तो भले कुछ देर को सही,
उसकी मुँहलगी हीर हो जाती हूँ।

जुबां ख़ामोशियों की

जब तुमसे पहली बार मिली,
तुम्हारी धीमी आवाज़ की चाशनी में
घुलने लगी।
तुम्हारे मुँह से निकली 'हम्म' भी
कानों को ऐसे लगती थी,
जैसे मुँह में रखा मीठा पान गुलगुला रहे हों।
कुछ तुम कहने लगे,
कुछ मैं सुनने लगी।
हमारी बातें दुनिया की सबसे शानदार बातें थीं।
सबसे निराली, अनूठी और अद्भुत,
जैसे तुम्हारे लिए मेरा प्रेम!
मैंने सुना था
कहने से मन का भार हल्का हो जाता है...
मैं कहती चली जाती,
तुम सुनते जाते।
फिर तुमने समझाया;
मन का भार कहने से नहीं,
कहने और सुनने के बीच मिलने वाले
क्षणिक अन्तराल में हल्का होता है।

और प्रेम हमें वहाँ ले आया
जहाँ हम दोनों
कुछ भी कहने और सुनने के बीच
मिलने वाले अन्तराल को सुनने लगे।
दोनों चुप रहते,
और कहने व सुनने के बीच
बसे अन्तराल में अपनी बातें किया करते।
ख़ामोशियों को
अपनी बात कहनी आ गयी थी,
उसे एक अनकही ज़ुबाँ मिल गयी थी।
आज भी जब कभी
शब्दों के बियाबान में भटक जाती हूँ,
तुम्हारा मौन ही मुझे साध लेता है।
यूँ ही सँभाला कर,
मुझे मेरे चारागर।

हरयाला दरख़्त

दुनिया के मेले में
दर-ब-दर भटकती लड़की को
एक नूरानी चेहरे ने बाँध लिया।
थाम कर उसका हाथ
उसे अपना हमराही बना लिया।
ले चला था उसे अपने कदमों की ओट।
हर जख़्म सिला था
अपनी रहमतों के रेशमी धागे से।
मेरे मुकद्दर की धूपों को छाँह देने वाला
हरयाला दरख़्त था वो।
उसके नूर से ही उजाले थे
मेरी रातों के अँधेरों में।
मेरी ज़िन्दगी के सहरा में,
बेपनाह मीठी मुहब्बतों का
दिलदार दरिया था वो।
वो शख़्स मेरी राहतों का ख़ज़ाना था,
मेरे हर मर्ज़ की दवा,
मेरे हर ग़म का राज़दार,
ख़ुदा का नेक बन्दा था वो।

खुद ख़ुदा भी मुस्कुराता था
उसे देख-देख,
बाज़ दफ़ा अपनी बनाई शै पर भी
रश्क हो उठता है न!

कलंदर का लिबास

इश्क़ का रूहानी लिबास बुनना था न,
तेरी यादों की पोटली से निकालीं
कुछ रंग-बिरंगे धागों की कतरनें।
बेबूझ और बेनाम एहसासों के
लाल, पीले, नीले, हरे, उजले,
मटमैले, उदास और ख़ुशियों से भरे
तनिक चमचमाते रंगों में
कपड़ों के टुकड़े बटोरे,
ज़िन्दगी के मेले से।
तेरे कुछ कसैले और
मीठे ख़्यालों को समेट कर,
कर दी रंगीन धागों से
कपड़ों की तुरपाई।
तेरी कुछ पुरानी नज़्में
पड़ी मिल गयी थीं इक डायरी में,
उन्हीं के हर्फ़ ले कर
कशीदाकारी की है
ढोलणा तेरे चोले पर।
आसमान पर ढलते सूरज की आब से

भरे हैं सारी किनारी के रंग।
अब कहीं मिल,
तो तेरे तन का माप ले कर
तेरा सतरंगा चोला भी सिल दूँ।
अच्छा सुन तो!
चोला अठरंगा भी होगा
तो पहन लेगा न जोगिया ?
मेरे हूकों का आठवाँ रंग भी
जाने कैसे उसमें शामिल हो गया है!

जन्मों की कमाई

जिस तरह माँ रख लेती थी
हर बार के राशन से
कुछ-कुछ बचा कर
आड़े वक्तों के लिए,
घर में सब ख़त्म होने के बाद भी
मिलता रहता था हमें खाने को
कुछ मीठा, कुछ तीखा, कुछ नमकीन।
माँ का यह हुनर मैंने भी पाया।
जब-जब तुझसे मिलती रही,
तुझे आड़े वक्तों के लिए
थोड़ा-थोड़ा अपने पास संजोती रही।
इन दिनों मन के कुछ अनजाने कमरों के
बन्द किवाड़ खुलने लगे हैं।
जानती नहीं थी कि मन ने तुम्हारी
बिसरी हुई यादों के
इतने संदूक सहेज रखे हैं।
एक-एक कर खोलती जा रही हूँ,
तुम्हारी यादें, तुम्हारी बातें,
तुम्हारी मखमली छुअन, तुम्हारा रूठना,

तुम्हारी शरारती हँसी की कुछ क़तरनें,
तुम्हारे होंठों पर उभरी मूँछों के
स्पर्श से उपजी गुदगुदाहट,
तुम्हारे बालों का
बार-बार माथे पर आना,
और तुम्हारा उन्हें एक हाथ से पीछे करना,
उफ़्फ़!
किसे पता था कि
मेरी पिछले जन्मों की कमाई से
ये अस्बाब निकलेंगे।

बस मैंने जाना

वह जब कभी
दाँत किटकिटाती सर्दी के बीच
अपनी बलिष्ठ भुजाओं के बंधन में बाँधता,
तो चारों ओर उसके स्नेह और ऊष्मा का
ऐसा घेरा बन जाता
जिसमें क़ायनात की हर चीज़
एक अद्भुत नेह और राग से भर उठती।
जब वो भरी गर्मी में बाँहों में भरता,
तो जैसे सारा वजूद
एक अजीब सी मादक
और बर्फ़ीली ठंडक में डूब जाता।
हिमशीतलता के उस एहसास को
शब्द कैसे बयाँ करें।
अजीब शख़्स था,
अपने भीतर दोनों मौसमों की
तासीर रखने वाला उसका मन,
मुझसे केवल उतना ही दूर था
जितनी दूरी

माथे और गाल पर दिए गये
चुम्बन के बीच बनी रहती है।
प्यार कहाँ समझ पाता था उसे...
बस मैंने ही जाना!

उसकी इत्तिका[1]...

उस दिन उसकी ज़ुबाँ से मेरे लिए
'शहद-सी मीठी लड़की'
क्या निकला,
मैं तो जैसे
निरी घी-बूरा ही हो गयी।
बरसों-बरस बीते,
ज़िंदगी की सारी तल्ख़ियों
और साज़िशों के बावजूद,
इसकी धुँधली पड़ रही लक़ीरों को
अपने लहू की स्याही से
सुख़ करती रहती हूँ।
मन में कड़वाहटों का ज़हर लिए
हमप्याला बने लोगों को
मिठास के प्याले पर प्याले
परोसती हूँ।
दुःख की मुस्कानों पर
शहद की चाशनी लपेटे
हँस-हँस कर हुलसती हूँ।

---

1. सहारा

इससे, उससे, सबसे;
बस बार-बार यही कहती हूँ मैं,
दु:ख की चादर में लिपटे
सुख को दे-दे दिलासे,
अपना बना सकती हूँ मैं।
उसकी पीठ पर बन कर ढाल,
सामने आई हर अला-बला
टाल सकती हूँ मैं।
उसकी इत्तिका जो ठहरी...

असंभव रोमांच

मुझे सदा ही संभव की सीमाओं को लाँघ
असंभव के रोमांचों में जाने का
बड़ा ही शौक़ रहा।
उसका और मेरा पहला मिलन,
मेरा ऐसा ही एक
साहसिक रोमांच था।
मैं सुना सकती थी उस दिन
उसे कोई रसीली प्रेम पगी कविता,
मैं रच सकती थी उस पर मुक्त छंद,
अगर करता वह इसरार;
तो शायद लिख देती उसके नाम एक प्रेमग्रंथ।
पर उस दिन मेरी सीखी कोई लिपि,
कोई बोली, कोई व्याकरण
कहाँ काम आया।
मेरे भीतर छिपे उत्कट
प्रेम का प्रत्येक अक्षर
स्वयं अंकित होता चला गया
उसकी देह पर।
बिना कोई बोली सीखे,

बिना किसी अनुवाद के,
बिना किसी शब्दकोश की मदद लिए,
वह ज्यों का ज्यों पढ़ पा रहा था
एक-एक हर्फ़।
मेरे भीगे नम चुम्बनों से अंकित उसकी देह,
जीवन की सबसे सुंदर प्रेममयी रचना रही।

उम्रों के गुलाब

उसकी छुअन में एक जादू है
उसने छुआ...
तो एक मुट्ठी चाँदनी
हौले से मेरी छाती में पैठ गयी।
इलाही नूर के एहसास से
जगमगा उठी मेरी देह।
नीम अँधेरे में जैसे चमक उठे हों
कुछ हसरतों के जुगनू।
मैं बेइंतहा इश्क़ की ज़िद से भरी थी
और उसकी आवाज़ की इक बूँद ने
मेरे दिल की सख्त बंजर ज़मीं को भिगो दिया।
जहाँ अब उसके एहसासों की
लहलहाती हरी पौध झिलमिलाती है।
अब उसका आगोश माँ जैसा मीठा लगता है।
उसकी हथेली की छुअन में
बाबा का सा नेह और सहारा मिलता है।
उसकी भुजाएँ सदा बड़े भाई-सा
घेर कर देती हैं अटूट सुरक्षा का भाव।

उसकी आँखों ही आँखों में कही कुछ बातें

कर देती हैं मुझे बीरबहूटी।

उसका साथ किसी एक संग

जवाँ होने वाली सहेली-सा

बेताबियों से भर देता है मुझे।

वो देता है मुझे गहरा सुकूँ,

मानो अब वही

मेरा घर हो गया हो।

किसी एक शख़्स के

इतने सारे रूप

पहले कभी मेरे लिए

हैरत और ताज्जुब हुआ करते थे,

पर अब ये मेरी इबादत में शामिल हैं।

मैं रखती इन्हें अपने सिर-माथे।

मेरी सदियों से दफ़न ख़्वाहिशों को

जिस्म की क़ब्रगाह की क़ैद से रिहा करने वाले,

तेरे ज़िक्र की खुशबुओं से लबरेज़ है जहाँ मेरा।

तू हर पल मेरे भीतर बहता है,

तेरी ख़नक से

मेरी शिराओं में बहता प्रेम खिलखिलाता है,

मेरी उम्रों के सारे गुलाब

तेरी हथेलियों की गंध में रचे हैं,

तेरी आहटें न मिलें तो

मेरे मन का बसा-बसाया शहर

पल भर में वीरान हो जाता है।

एहसास तेरा

याद है, उस दिन बातों-बातों में
हमारे हाथ यकायक आपस में छू गये थे।
पूरी देह यूँ सिहरी
जैसे सावन की पहली बौछार पड़ी हो।
भीगी मिट्टी की सोंधी गंध
और उस ख़ुशनुमा एहसास ने
बहुत देर मन को भिगोए रखा।
जिस दिन तुमने हाथ थामा,
तुम्हारी हथेली की गरमाहट
झट से यूँ गले लगी
जैसे जन्मों से बिछुड़ी कोई सखी रही हो।
पिता जैसा संबल और
सखा जैसा स्नेह देने वाली
उस हथेली का वह पहला स्पर्श
रग-रग में दौड़ उठा।
जानते हो, ईंट-पत्थरों का घर
तो हमने बहुत बाद में जोड़ा,
मैंने तुम्हारी हथेली पर ही
अपना घर बसा लिया था।

जरा देखो तो सही,
आज भी तुम्हारी हथेलियों पर
मेहँदी सी रची हूँ,
तुम्हारे ही बदन की महक में घुली हूँ।

देह की भाषा

प्रेम की बारहखड़ी पढ़ने के लिए
आकर्षण के क़ायदे लिए गये।
दो रूहों ने एक होने के कौल भरे।
गर्म साँसों के सोतों के बीच
मन के ताप को
और ज़्यादा झुलसाया गया।
हल्की छुअन, भीनी मुस्कानों
और अँखियों की चितवन से
चिंगारी को थोड़ा और भड़काया गया।
सारी दुनिया को भूल-भाल,
इक-दूजे में रसना रमाई गयी।
दो हाथों के स्पर्श ने
देह की भाषा पढ़ने को डग बढ़ाये
और अपनी अंगुलियों से अक्षरों को टटोलने लगे।
इश्क़ की क़िताब के वरके बहुत ही
मुलायम, सुचिक्कन और रसीले थे।
बार-बार हाथों से छूट जाते
और चारों ओर मिठास की बूँदें छलक जातीं।
वह समझ पा रहा था कि

इन पन्नों को पढ़ना ऐसा सहज भी नहीं होता
कि आहिस्ता-आहिस्ता मेरे जनाब!
अभी वक्त लगेगा।
अभी एक-एक अक्षर से होते हुए
आख़िरी अक्षर तक अभ्यास करना होगा।
कुछ भूल गये तो फिर से पाठ दोहराना होगा,
कि ख़ुदी के भी मिट जाने का एहसास दिलाना होगा।
प्रेम के ढाई अक्षर का जोड़
इश्क की क़िताब का
आख़िरी सबक जो ठहरा।
बक़ौल हस्ती

जिस्म की बात नहीं थी,
उनके दिल तक जाना था।
लम्बी दूरी तय करने में
वक्त तो लगता है।

और मैं...

और मैं...
सिंगारदानी के सबसे निचले कोने में रखी
सेंट की खाली शीशी,
इत्र की वह नन्ही-सी रंगीन पुरानी शीशी,
जो खाली होने पर भी
कभी दूर नहीं भनकाई जाती।
मह-मह महकता है वो मेरी गमक से,
उसकी भूली-बिसरी
यादों की इत्रदानी हूँ मैं।

उसकी यामिनी

उसके हाथों की सख़्त लकीरों को
अपनी पलकों की ओट ले कर
बदल देती हूँ उसकी किस्मतों के लेखे।
उसके पैरों के तलवों तले उग आये
सख़्त बेजान घट्टों को
अपनी मादक छुअन के लेप से
कर देती हूँ मुलायम।
उसके माथे की टप-टप दुखती नस को
अपने होंठों की पाकीज़ा छुअन से सहला कर
सुला देती हूँ मैं।
जब रातों को जगता है वो देर तक,
उसकी आँखों के नीचे
अपनी अँगुलियों के पोरों से
गोल घेरे बनाते-बनाते
ख़्वाबों की हसीं दुनिया में पहुँचा देती हूँ।
देर तक उसकी पीठ को
अपने हाथों से सहलाती, दुलारती,
अपने नाखूनों से आड़े-तिरछे नमूने बनाती,
किसी अनजान और बेनाम-सी लिपि में
अपनी तमाम दुआएँ उकेर देती हूँ।
उसकी यामिनी जो ठहरी!

उफ़्फ़...

'कविता लिखोगी मुझ पर?'
एक दिन उसने पूछा था।
'न, कविता नहीं लिख सकती।
कविता मुझे समझ नहीं आती
और न ही कविता
मुझे समझ सकती है।
हाँ,
मैं गद्य पर अच्छी और गहरी
पकड़ रखती हूँ।
कब कहाँ रुकना है,
कब अल्फ़ाज़ को बयाँ कर देना है,
कब अपनी बात को
कह कर भी छिपा लेना है,
कहाँ थोड़ी रुखाई बरतनी है,
और कहाँ नरमी से सब निभा ले जाना है,
कहाँ संभलना है,
कहाँ बहकना है,
कहाँ लजाना है,
कहाँ खुल कर सब कह देना है,

और कहाँ कहते-कहते
अपने ही भीतर सिमट जाना है,
कहाँ बात कह भी देनी है
और कह कर मुकर भी जाना है,
कहाँ अल्फ़ाज़ को मोतियों-सा बिखेर देना है
और कहाँ एक-एक लफ़्ज़
यूँ उतारना है कि
सामने वाला तरस-तरस जाये।
गद्य की बारीकियाँ
मुझे अच्छी तरह समझ आती हैं।'
उसने कहा–
'ओह, मुझे तो लगा था कि
तुम इतनी अच्छी तरह से मुझे समझती हो!'
उस दिन तो शरमा कर
उसकी चौड़ी छाती में मुँह छिपा लिया था।
इन दिनों
उसे ही लिख रही हूँ।

मन बावरा

मेरे एकांत के उस घेरे में
धम्म से किसी फुर्तीले खरगोश-सा
छलाँग लगा कर
अपनी बतकहियों से
मेरा दिल बहलाने वाला,
मेरी बेबस चुप्पियों में
अपने कहकहों का ठंडा मीठा शरबत
घोल देने वाला,
मेरी सिसकती बेआवाज़ तन्हाइयों में
किवाड़ की ओट से झाँकते
नटखट बिल्ले-सा
हल्ला मचा देने वाला,
भला कब मेरे साथ नहीं रहा!
बहुत से किस्से बुने हैं हमने,
मैं अपनी ख़ामोशियों में कहती
और वो अपनी चुप्पियों में सुनता।
बहुरूपिया किसी तिलिस्म सा खुलता जाता
और मैं एक अबूझ हैरत से भरती जाती।
उसके अफ़्साने रेशमी तहों से सरसराते

और मेरा मन बहलाते।
उसी के करम से रोशन रही निगाह मेरी
मैं नादाँ और वो दानाँ था मेरा।
हम दोनों की सोहबत में
अनजाना एक सुरूर रहा तारी।
उस कहन को लफ़्ज़ नहीं
बस एक मन चाहिए था बावरा,
जो उसका भी था और मेरा भी।

दो मन बतियाये

हम मिलने लगे थे...
दो मन अपने-आप से भी छिप-छिप कर
बतियाने लगे थे...
उनके लिए ये मुलाकात
दुनिया का सबसे बड़ा विस्मय थी,
जैसे किसी ने बड़े छतनार पेड़ की
किसी शाख के कोने में रखा
सतरंगे रूपहले पंखों वाली
चिड़िया का घोंसला देख लिया हो।
फिर हम और पास आने लगे...
संसार के विस्मय बढ़ते जा रहे थे।
हमारी अपनी ही काया
हमारे ही सामने
दूसरे के मोह में
ऐसी तड़पने लगी थी कि
उसे अपना कहने में
संकोच होने लगा था।
आकर्षण का नियम
हमें इतना नज़दीक ले आया था

कि हमारे बीच

हमारी दो जोड़ा साँसों की

उपस्थिति भी खलने लगी थी।

हमने आपस में अपनी साँसें बाँट लीं।

अब हम गिनी-चुनी

उथली साँसों के सहारे टिके थे।

फिर हमने वह सहारा भी छोड़ दिया

और अनावृत काया के

महासागर में गोते लगाने लगे।

लगा जैसे विस्मय का अन्त मिल जायेगा।

हमारी निर्वस्त्र काया

प्रेमरूपी महासागर में

किसी टूटे बेड़े से लिपटे

तैराक-सी तैरती रहीं।

कई युगों तक हम जन्मते रहे,

संसार में इसी तरह आते रहे

और तैरते रहे।

फिर एक दिन हम क्लांत हो उठे...

हम कोई किनारा पाना चाहते थे,

हम अपने लिए कोई ठाँव चाहते थे,

हमने साहस बटोरा

और दोनों ने अपनी-अपनी

देह भी उतार कर एक ओर धर दी।

अब हम देह से भी परे,

अपनी आत्माओं के मिलन के बीच मुदित हैं।

हमारे बीच अब किसी

विस्मय के लिए स्थान नहीं रहा।
देह से परे कैसा विस्मय!
बक़ौल जिगर
तू नहीं मैं हूँ, मैं नहीं तू है
अब कुछ ऐसा गुमान है प्यारे
मुझमें तुझमें तो कोई फ़र्क़ नहीं
इश्क़ क्यों दरमियान है प्यारे।

हदों से आगे

मेरी देह पर धरी
उसकी सारी छुअन
गुलानारी तितलियों में
बदल जाती है।
उसकी मदहोश साँसों की आहट में
मेरी रूहों की बेचैनियाँ
पनाह पाती हैं।
वह मेरे दिल की शाख पर टिका
ज़िन्दगी का सबसे
रूमानी लम्हा हो जाता है।
और मैं सारी दुनिया से परे
बस उसके साथ
अकेली हो जाया करती हूँ।
रूमानियत की हदें तो
तब पार होती हैं लोगो
जब मैं उसके कन्धे पर रख कर सिर
उसकी ही यादों में खो कर
बारहा उसे भी
भूल जाया करती हूँ।

संकल्प

उसने मेरी आत्मा के होंठों पर
प्रेम का जो पहला चुम्बन धरा था,
वह अनंत चुम्बनों के बाद भी
अपनी सारी स्मृति
और भीगेपन की मिठास के साथ
हमारे बीच जीवित रहा।
उसका पहला प्रगाढ़ आलिंगन,
मेरे कानों की लवों को
सुलगाती उसकी सरगोशियाँ,
मेरी बन्द पलकों पर
उसके अँगूठों का दबाव,
उसके बाहुपाश में बँधी
मेरी कमर की थिरकन,
मेरे बालों पर उसका कँपकँपाता
स्नेह से सराबोर हाथ,
ज्यों के ज्यों
अपने स्पर्श की कोमलता के साथ
आज भी महसूस किए जा सकते हैं।
बड़ी बरकतें थीं उसकी मुहब्बतों में,

ताउम्र झोली खाली न हुई।

मैंने दोनों हाथों से बाँटा,

भर-भर अंजुलि अपना नेह उलीचा,

पर उसके इश्क़ का दरिया

तो जैसे कभी थमता ही न था।

उसने अपने प्रेम से मुझे सराबोर रखा,

मैं अपने प्याले से जग को पिलाती रही।

वो मुझे ज़र्रा-ज़र्रा निखारता रहा,

मैं जग को क़तरा-क़तरा सँवारती रही।

हमारा यह प्रेम

संसार को सुंदर और प्रिय बनाने के

उस सिलसिले का ही हिस्सा है

जो फूटे बर्तन से

रिसते पानी-सा

दिन-रात छीज रहा।

हमारा यह प्रेम

उस बर्तन से

रिसते पानी की

इक-इक बूँद को

समेटने का एक संकल्प ठहरा।

अन्तरंगता

कैसी गहरी थी हमारी अन्तरंगता...
सब कुछ तो पता था उसे।
जानता था वो मेरी देह का एक छोर-छोर,
वो भी समझता था,
चूमे गये होंठ
बस लार और माँस का मेल भर थे।
परस्पर रतिक्रीड़ा के लिए
लिपटी काया की परिणति
शैय्या पर पड़ी कुछ
सिलवटों से अधिक न थी।
योनि की सुगम राह
केवल जाती थी कुछ भीतर तक।
वक्षों पर पड़ने वाला दबाव
नहीं पहुँचता था त्वचा के नीचे हृदय तक।
कितना सहज था,
हाथों से सभी अंगों की
गोलाइयाँ और गहराइयाँ
कामुकता से माप लेना।
उन्हें हाथों, आँखों

और होंठों से स्पर्श कर
अपनी अतृप्त दैहिक कामनाओं
के वेग को शांत कर लेना।
जन्मों की अधूरी प्यास को
बस कुछ क्षणों की वासना के
खेल में पूरा करने का
एक और असफल प्रयास करना।
किन्तु नहीं,
नहीं किए उसने
मेरी देहघाटी के भीतर
उतरने और मुझे
मेरी गहराइयों तक पाने के
सुगम उपाय।
प्रिय ने भेदी थी मेरी आत्मा,
उसने खुद से मुझ तक आने को
कठिन राह चुनी।

मेरा दिलफ़रेब छलिया

उसकी अनूठी धज देखते ही बनती थी।
कैसे अछूती रह जाती उसकी माया से!
कुँआरी रातों के सपनों का
वह दिलक़श सौदागर,
मेरी चिरौरी कर
नींद के मायालोक में
हौले-हौले कदमों से अपनी जगह बनाता,
और मायावी
मेरे ही स्वप्नलोक पर हावी होकर,
उसको अपने वश में कर लेता।
अपनी अंगुलियों के पोरों से
मेरी रूह के पोर-पोर को सहलाते हुए
सारी कामनाओं, वासनाओं
व इच्छाओं और आकांक्षाओं
को चेरी बनाकर
उनसे जी-हुज़ूरी करवाता।
वे उसकी क़दम-बोसी कर
निहाल हो उठतीं।
मेरे सारे कच्चे, सच्चे,

अधपके और सुनहरे सपने,
मन की सात गहरी
रहस्यमयी परतों के भीतर
छिपे रहने वाले मखमली राज़
और टाट-सी खुरदरी बातें भी
उसके लिए
किसी क़िताब के खुले पन्ने
की तरह थीं।
जिसकी सतरों की स्याही पर
भूल से वक्त के पानी ने
कुछ उदास छींटे दे मारे हों।
उस धुँधली इबारत के बावजूद
उससे कुछ छिपा न था।
मेरा अतीत, वर्तमान और भविष्य भी
बन्द आँखों से बाँच लेने वाले
छलिए ने ऐसा जोग लगाया
कि बावरी सारी दुनिया भूल
उसी के पीछे हो ली।
गहरे समंदरों के नीचे
अतल लोकों में बसने वाली लड़की
अब स्वप्नलोक से बाहर
हकीक़तों की सुलगती धरती पर
नंगे पाँव उसके पीछे
दीवानी बनी फिरती है।
इस इश्क़ की गुलामी पे
मेरी सौ-सौ जान क़ुर्बान!

उसकी शीरीं...

कब हँस देगा,
कब रूठेगा,
कब आँखों ही आँखों से
सहला देगा मेरी रूह।
कब हौले से,
दिपदिपाती मुस्कान के बीच
दबा कर मेरा हाथ,
इज़हार-ए-मोहब्बत
कर रहा होगा वो।
कब अपने बोलों से
सुलगा देगा मेरी तमन्नाएँ
कब हामी भर कर भी
कर रहा होगा
मुझसे दूर जाने की साज़िशें।
कब देह के इंच-इंच को मापते हुए भी
मेरे मन से मीलों-मील दूर होगा वो।
कब दूर हो कर भी हर लम्हा
मेरे पास आने को तरसेगा वो।

मैं ये सब जानती हूँ,
उसे भले ही कम जानती हूँ,
पर उसके दिल का हर मौसम जानती हूँ।
उसकी शीरीं जो ठहरी!

रूह की मेहमाँ

एक ही जिस्म में
बसने की ख़्वाहिश नहीं मेरी
मैं उसकी रूह की
मेहमाँ होना चाहती हूँ।
कैसे अदा करूँगी
कर्ज़ उसके इश्क़ का,
मेरे तो बदन की रग-रग में
उसकी देह का नमक दौड़ा करता है।
बहते पानी-सी फ़ितरत
नहीं रखता उसका इश्क़,
वह मेरी देह पर
किसी इलाही ख़ुमार-सा
तारी रहता है।
हमने देखे थे
जो रूमानी ख़्वाब साथ-साथ,
उनकी तामील को
वह दिन-रात लगा रहता है।
ख़ुदा आबाद रखे मेरी जाँ को
उसका इश्क़ कितनी आसानी से

मेरे हर जुल्मो-सितम को सह लेता है।
उसने कुर्ते की मोड़ी हुई बाँह में
छिपाया है दिल मेरा
नादाँ हर जगह
उसे साथ लिए फिरता है।

उम्रों की रेज़गारी

वो जब भी मिलने आता,
मेरा वक्त और उम्रों के बीतते बरस
किसी शरारती बच्चे से ठिठक जाते,
जो अक्सर कुछ उठाने से पहले
चोर नज़रों से
ताका करता है इधर–उधर।
वह एक डपट से
सहमा कर भगा देता उन्हें,
वे तेज़ी से बगटुट भागते बरस
उसके कहे पर चलते।
जींस की पिछली जेब में
मेरी उम्रों के खनखनाते
सिक्के लिए डोलता था वो।
कभी मन आता
तो मुट्ठी भर सिक्के
मेरी झोली में डाल देता।
मैं जवाँ हसरतों और ख़्वाबों को
सीने में संजोए
आवारा रास्तों पर भटकती

बंजारन बन जाती।
उसकी छत पर आसमान छूती
पतंग-सी इतराती।
उसकी बाँहों के घेरे में कसमसाती,
उसके माथे, गाल और छाती पर
बिखेर देती अपने
चुम्बनों की मीठी मिसरियाँ।
किसी दिन सिक्कों पर बरतता किफ़ायत
और मैं उससे मिले
दो सिक्के
मुट्ठी में कस कर थामे
नन्ही बच्ची बन जाती।
ज़िन्दगी के मेले में मिलते
उम्मीदों के रंगीन गुब्बारों से
जी भर कर खेलती।
दुनिया की बर्फ़ की चुस्कियों पर
रिवाज़ों की खट्टमिठी चाशनी लपेटे,
खूब स्वाद लगाती।
ज़िन्दगी के लम्हों से मीठे
और देखते ही देखते उड़न-छू
हो जाने वाली बुढ़िया माई के
बालों का गोला गुलगुलाती,
नटखट लड़की-सी खिलखिलाती।
फिर किसी दिन
दरियादिल यार मेरा
सिक्कों से भर देता मेरी झोली।

मुझे मेरी ही उम्रों से
बना कर सयानी
बैठ जाता मेरे घुटनों के पास
और ले जाता दुनियादारी के सारे सबक।
उसके साथ चलते-चलते
मैं बुढ़ापे की दहलीज़ को
भी छू कर लौट आई।
उसके संग,
मैंने अपनी उम्र के हर पड़ाव को
जिया और जाना।
वह मेरी उम्रों के पहाड़ों की
हर ऊँची-नीची चोटी का
निगेहबान रहा।
ज़ालिम मेरी साल दर साल
घटती-बढ़ती और फिर घटती
उम्रों का सौदागर जो ठहरा।
ऐसे दिलक़श दिलबर पर
कोई क्यों न वार दे अपनी जान!

अधूरी दास्ताँ

मेरे और तुम्हारे
उस प्रगाढ़ आलिंगन के बीच ही
जैसे समाप्त हो जाना चाहिए था
सब कुछ।
कुछ न बचता
हमारी एक साथ उठती-गिरती
साँसों की लय
और
एक लय में धड़कते
दो दिलों के सिवा!
न शेष रहती एक भी स्मृति,
मानो सभी स्मृतियों का
एक साथ कर दिया गया हो
किसी उत्तुंग शिखर से गिरती
पहाड़ी नदी में विसर्जन।
न शेष रहती
कोई भी लालसा,
मानो सभी ईप्साओं की

उस देहरूपी यज्ञ में
दे दी गयी हो पूर्णाहुति।
शेष होती वासनाओं की
धूम्ररेखा के बीच,
हमारी देह
एक साथ हो जातीं विलीन।
परन्तु तुम्हारी देह से उठती
गंध के चन्द क़तरों और
मेरी घ्राणेंद्रियों के बीच
जैसे जारी हो जाता
एक संघर्ष।
मैं सोख लेना चाहती थी
तुम्हारी काया से जुड़ी
हर गंध के क़तरों को
अपने भीतर,
संजो लेना चाहती थी वह सब
जो कहीं से भी,
किसी भी रूप में
तुमसे जुड़ा हो।
तुम्हारी चेतना के
किसी भी कोने को स्पर्श करता
एक भी भाव या अनुभूति,
मेरे जीवन की अनमोल थाती थे।
तुम्हें पूरी तरह पाने के
उस अवसर के बीच भी

मैं तुम्हें तुमसे भी कहीं ज्यादा
पा लेना चाहती थी शायद...
मेरा लोभी मन
केवल तुम्हें पा कर सन्तुष्ट कहाँ रहा।
आज भी भटकती हूँ
उसी अधूरी लिप्सा को मन में लिए।

हुनर

उसे सहलाने, छूने,
दुलारने और
बहलाने के दिल.फ़रेब
तरीके आते थे मुझे।
रोज़ सजती थी
हमारी ख़्वाहिशों की महफ़िल।
मेरी रूह
जिस्म के झीने
लिबास में सज कर
अदाओं के छम-छम
घुँघरू पहन इठलाती।
उसका दिल बहलाने को
मैं नित नए स्वांग रचाया करती।
एक-एक अदा पर निछावर था
मेरा रंगरसिया।
फिर भी जाने कैसे इक
ग़ज़ल मुक़म्मल होने से
ठीक पहले ही
दम तोड़ देती।
अधूरे रह जाते

तस्वीर के कुछ रंग,
मानो कसीदाकारी करते हाथों से
अधबीच गुम गयी हो
रेशमी धागा पिरोई हुई सुई,
लाल, नीले, पीले और हरे रंगों से
सजती फुलकारी का दुपट्टा
रह गया हो अधूरा।
कैसे भूल गयी मैं,
ख़ुदा ने मुहब्बतें बरसाने का यह हुनर
आज तक पूरी तरह
किसी आदम को नहीं बख़्शा।

तमन्नाओं की सैरगाह

उसकी चौड़ी रोएँदार
कठोर संगमरमर-सी
तिलों से जगमगाती
पीठ पर बड़ा दावा था मेरा।
उसकी पीठ से करती थी वे सब बातें,
जो कभी उससे नहीं कह पाई।
कन्फ़ेशन बॉक्स में बैठे फादर-सी,
उसकी पीठ का
मुझसे ऐसा ही नाता रहा।
उसने सुने हैं मेरे हज़ारों दर्द,
बाँटा है मुझ संग मेरा उल्लास
और सहलाया है
मुझे मेरी शर्मिंदगियों पर।
उसकी पीठ मेरी तमाम नाक़ामियों,
मेरी कामयाबियों के जश्नों
और उसके लिए
मेरे बेपनाह इश्क़ की
राज़दार रही।
उसे छूते ही मेरी सभी ख़्वाहिशें

किसी जंगली हिरणी-सी
सरपट दौड़ने लगतीं।
मैं मन ही मन
जाने कितने जंगल
और रेगिस्तान पार कर
नख़लिस्तान में खड़े
खजूर के दरख़्तों तले पहुँच जाती।
उसकी पीठ मेरी
अधूरी तमन्नाओं की
सैरगाह रही।

दिलदार आशिक

और मैं...
उसके हाथों की लकीरों में
दिखने वाली सबसे छोटी धुँधली रेखा।
उसकी भाग्य रेखा को चमकाने वाली
रहनुमा हूँ मैं।
उसके दाएँ पैर की अँगुली पर उगा
नन्हा सा काला तिल,
उसे ज़िन्दगी की बेढब राहों में
नज़र-ए-बद से बचाती हूँ मैं।
उसके बालों में झलकता
चाँदी का एक तार
उसकी संज़ीदगी में
चार-चाँद लगाती हूँ मैं।
उसकी छाती पर उगे रोमों में से
एक रोम-कूप
उसके धक-धक करते दिल की
हिफ़ाज़त का ज़िम्मा है मेरा।
मैं उसकी दिलदार आशिक,
उसके माथे पर

अपने बोसों के बताशे
भर-भर मुट्ठियाँ लुटाती हूँ मैं।
मैं किसी पीर की मज़ार पर
बँधी एक क़तरन,
हर पल
दुआओं की तरह
उस पर वारी जाती हूँ मैं।
मैं उसकी आत्मा का
एक नन्हा सा अंश,
उसकी हर बाहर-भीतर जाती
श्वास की साक्षी हूँ मैं।

बारहमासी फूल

मेरे रसिया के आगे
लाज, शरम और झिझक
जैसे शब्दों के मायने ही कब रहे।
उसके आने से थी मेरी ख़िज़ाँ में बहारें।
उसके इश्क़ का एक-एक
हरफ़ सुनहरे लम्स[1] में
लिखा जाता रहा मेरे जिस्म पर।
मैं पढ़ती रही उसे।
उसके सीने से लिपटी
प्रेम में मदमाती तितली-सी
पंख फड़फड़ाती,
उसकी ही बाँहों में
सदा बसने को मचलती रही।
वो किसी अलबेले मौसम-सा
खिलाता रहा मेरी देह पर कलियाँ।
उसकी छुअन से
मेरे जिस्म पर खिलते रहे
नन्हे-नन्हे बारहमासी रंगीन फूल।

---

1. स्पर्श

मैं उससे दूर होने का
करके दिखावा भी,
पास आने के करती रही बहाने।
भले ही तन उघड़ा रहा उसके आगे,
पर वह सदा मेरी आत्मा का लिबास रहा।
ऐसा पाक़, स़फेद लिबास
जिस पर रश्क का
एक छींटा तक
न पड़ने दिया उसने कभी।
जब-जब उसके
नरम मुलायम मद से भीगे होंठ
मेरी रूह का बोसा लेते हैं,
मैं इस दुनिया की नहीं रहती।
आसमानों से उतरती
किसी फ़रिश्ते-सी
इतराने लगती हूँ,
और सोचती हूँ मन ही मन
काश!
उसके होंठों-सा
मुलायम मेरा मन होता!

सीमा स्पर्श की

मैंने उसके हाथों के स्पर्श की
सीमाओं को जाना,
लौकिक प्रेम की भी होती हैं कुछ हदें,
मैंने जिस्म को उसकी हदों के साथ माना।
अपनी देह के रोमानी रंगीन कैनवस पर
उसे उसके सारे असली रंगों के साथ
खुल कर खेलने दिया।
उसे जैसा दिखना
और महसूस होना चाहिए था,
उसे उन्हीं एहसासों में घुलने दिया।
उसके ही प्रेम के गुमान में आ कर,
उसे देवता नहीं बनाया।
हाड़ मांस का बना इंसान ही तो था,
उसे इंसानों की तरह प्रेम करने दिया।
उसके जीवन, उसके अस्तित्व और
व्यक्तित्व का अपना एक रंग और
अपना ही अनूठा और निजी स्वाद था
उसमें अपनी कल्पना की उड़ान मिला कर,

उसका सवा सत्यानाश नहीं किया।
वह जो था, उसे वही रहने दिया।
बस !
अपने जोगी को पाने के लिए
यही बहुत था।

मेरा प्रियतम

वो आता,
तो जैसे बरस, महीने और दिन
लम्हों में बदल जाते।
वक्त उसका ताबेदार था,
उसके मन की ड्योढ़ी पर
हाथ बाँधे खड़ा रहता,
उसके कहे पर चलता,
उसकी आँख के इशारे से
किसी झील के ठहरे पानी-सा ठिठक जाता,
किसी गहरे जंगल में गुम हो गयी
हवा-सा सुस्त हो जाता,
तो कभी पहाड़ी झरने-सा
झर-झर बहता चला जाता।
उसके आगोश में
दुनिया की हर
बेजान और बेरौनक शै
रंगीन और रवाँ हो उठती।
उसकी बाँहों का घेरा
दुनिया का वह
सबसे पाक़ दायरा था,

जिसमें बँधने के बाद
बेक़ैद हो जाने की सारी हवस
कहीं मिट जाती।
जैसे तार-तार रेशम-सी
मखमली छुअन का पाया था एहसास।
उसके सीने पर रखकर सिर,
धक-धक करते दिल की
मधुर धड़कनों के बीच ही तो
मैंने पहली बार सुनी थी
अनंत समय की
वो अनहद धुन,
जिसमें कहीं खो गये थे
सारे ब्रह्माण्ड और नक्षत्र।
जैसे पल भर में पलट गयी थी
पूरी क़ायनात।
धरती, अंबर हो गये थे एक
और सृष्टि ने खोला था
इक नया राज़।
फ़रिश्ते कानों में हौले से
गुनगुना गये थे
उसका नाम।

लाइफ़टेस्टर

कच्चे दूधिया सिंघाड़े
पहले चखती हूँ मैं,
फिर मीठा सिंघाड़ा
खिलाती हूँ उसे।
उसकी डेढ़ चम्मच चीनी वाली
स्ट्रॉन्ग कॉफ़ी
पहले मेरे गले से उतरती है
फिर उसी कप को
छूते हैं उसके लब।
उसकी कोल्ड ड्रिंक का
पहला घूँट भी जाता है मेरे भीतर,
ज़्यादा चिल्ड नहीं पी जाती उससे।
उसकी आलू-पूरी का
पहला कौर खाती हूँ मैं,
बिना हींग की आलू की सब्ज़ी
कतई नहीं भाती उसे।
उसके हलवे की मिठास,
उसके अचार की खटास,
उसकी सॉस की तुर्शी,
उसकी सब्ज़ी की तीख़ी मिर्ची,

गोलगप्पों का चू खट्टा पानी भी
पहले चखती हूँ मैं।
हाँ, बेशक़ खिलाती हूँ
उसे अपना जूठा।
हाँ–हाँ!
क्यों नहीं ?
बोलो मुझे चटोरी !
कहो मुझे मरभुक्खी !
मारो मुझे ताने !
उड़ाओ मेरी हँसी !
पर एक बात रखना तुम याद,
इसी तरह
उसका हर रोग–शोक भी
पहले मुझसे हो कर गुज़रेगा।
इक दिन
उसकी मौत भी आई तो
पहले मैं चखूँगी उसे
जनाब, मैं उसकी
लाइफ़टेस्टर जो ठहरी !

साध जन्मों की

मैं जीवन भर डूबी रहूँगी
उसकी आँखों में,
महकती रहूँगी
उसकी साँसों में,
मचलती रहूँगी
उसकी देह गंध में,
क़तरा-क़तरा मिश्री-सी
घुलती रहूँगी
उसकी बोली में,
हौले-हौले बहकती रहूँगी
उसकी बातों में,
उड़ानें भरती रहूँगी
उसकी हसरतों के आसमाँ में,
चुपके-चुपके उसकी दात
सहेजती रहूँगी अपने अँगना में।
वो इत्र है मेरे इश्क़ का,
सबसे छिप-छिप कर
लगाती रहूँगी उसे।

चाँद की ड्योढ़ी पर बैठ
इतराती रहूँगी उसके पहलू में।
वो ठहरा इश्क़ समंदर,
भला एक जन्म में कितना
सहेज पाऊँगी उसे ?

इश्क़ का कलमा

उसकी देह से उठती
पसीने की गंध,
मेरी रगों में
किसी सूफ़ी की लाट सी
धधकती है।
उसके हाथों की जुंबिश पर
मेरी हर तमन्ना बहकती है।
उसके बिस्तर के इक कोने में
हर रात मेरी करवटें सिसकती हैं।
नींद किसे आती है ज़ालिम,
जब वो इतने पास हो।
ये आँखें उन रातों में जगने के
जाने कितने बहाने करती हैं।
रात-रात भर जग कर
जो हम बुनते हैं
वस्ल के पैरहन,
उनके ही आसरे तो
हिज़्रों के ठिठुरते मौसम कटते हैं।

मेरी ख़्वाहिशें भी कितनी नादाँ हैं,
देखो न!
इक वो सामने दिख जाये तो बस
सब पा लिया, सब पा लिया
का कलमा पढ़ने लगती हैं।

मासूम सी दुआ

अच्छा सुनो !
तुम्हें मेरी पीले पन्नों वाली
डायरी याद है ?
अरे वही,
जिसे तुमने दूसरी ही मुलाक़ात में
कोट के भीतर वाली जेब में रखते हुए
कस कर अपने सीने से लगा लिया था।
वही डायरी,
जो सदा किसी और छुअन से रही अछूती,
बरसों मेरी छाती से लगी रही।
उस दिन तेरे अंग लग कर
कैसी छुईमुई हुई होगी।
सोचती हूँ तो किसी सौत-सा
कलेजा ख़ाक हो जाता है।
तेरे बदन की महक को सीने से लगाये
मुई कितना इतराई होगी।
तेरे जिस्म की गरमाहट में
कैसा जी भर कर सुस्ताई होगी।
जानाँ !

मुझे वो पीले पन्नों वाली
डायरी बनना था।
तेरे कोट की भीतर वाली जेब में
नन्हे गुलाबी खरगोश सा दुबकना था।
अपनी किस्मत के हर पन्ने पर
तेरे ज़िक्र का इत्र मलना था।
अपनी चाहतों को प्यार वाली
कलम की नोक पर टाँग
तेरे नाम का कसीदा पढ़ना था।
तेरी देहगंध में रच-पग कर
अपने बदन को
ख़ुशबुओं का घर करना था।
लिबास-ए-इश्क़ पहन कर
कलंदरों जैसा
तेरी छुअन के हर लफ़्ज़ को
अपने बदन पर महसूस करना था।
इस मासूम-सी
दुआ को भी पूरा न करेगा
या रब!

इंद्रधनुषी देह

उसकी निगाहें मेरी काया पर
बोती नहीं काँटे,
रचती हैं इंद्रधनुष।
उसके हाथ
मुझे बस छूते नहीं,
पूजते हैं
मेरी देह की देहली।
उसकी ख़्वाहिशें
मचलती नहीं मेरी जाँघों पर,
उसने उन्हें मेरी नाभि की
अतल गहराइयों में डुबो दिया है।
उसके होंठ बन जाते हैं
अक्सर फूल
जहाँ-जहाँ छूते हैं
मेरे बदन को,
वहीं खुशबुओं का
क़ारोबार होने लगता है।
मेरी छरहरी कमर और
सुडौल वक्ष

नहीं जगाते वासना उसमें,
वह उन्हें किसी प्राचीन
देवालय में स्थापित
दैवीय प्रतिमा-सा
सराहा करता है।
उसके प्रेम ने
मेरी देह में की है प्राण-प्रतिष्ठा,
माटी की मूरत को बना दिया है शुभदायिनी।
वह इसका विसर्जन नहीं करेगा कभी,
हर क्षण मुझे अपने
हृदय से जो लगाये रखता है।

भूल-भुलैया

एक दिन
तुम्हारे हाथ की नीली नसें देख कर,
उन पर टकटकी सी बँध गयी थी।
उनके जाल में कौतूहल से
प्रवेश तो कर लिया,
पर उस भूल-भुलैया में ऐसा भटकी
कि जन्मों-जन्मों तक
भटकती ही चली गयी।
तुम्हारी देह के भीतर बसे
उस विचित्र लोक में
विचरते-विचरते
जब वापिस लौटने की सोची
तो राह बिसर गयी।
दरअसल
मैं तुम्हें मुक्त कर देना चाहती थी।
तुमसे कहीं दूर निकल जाना चाहती थी।
नहीं जानती थी कि
तुमसे जितना दूर होने की कोशिश में थी,
उतना ही तुम्हारे भीतर,

तुम्हारी गहराइयों में,
तुम्हारे अन्तस में
उतरती जा रही थी।
नहीं, मैंने तो ऐसा नहीं चाहा था,
मैंने तुमसे परे होना चाहा,
तुम्हें अपने मन की भटकन से
मुक्त करना चाहा,
पर कहाँ पता था कि
किसी से दूर चले जाने की इच्छा भी
तो अप्रत्यक्ष रूप से
उसे आजन्म
अपने से जोड़े रखने
और उसे निरंतर
विस्मृति में बनाये रखने
का माध्यम ही होती है।
दूर-दूर होते जाने का
खेल खेलते-खेलते
तुम्हारे इतना पास आ गयी हूँ कि
अब तुम भी नहीं दिखते।
नदी अपने ही जल को
कहाँ देख पाती है,
स्वयं ही जल हो जाने की यात्रा में
कहाँ बचता है उसका भी अस्तित्व!

इत्र नेकी का

उसके पास से आती महक में
अजब मदहोश आलम था।
कई दिनों तक मुगालते में रही,
यह उसके आफ़्टर शेव का कमाल है।
एक दिन बढ़ी हुई दाढ़ी में भी
उसी महक में महकता दिखा
तो लगा कि यह उसके दामी डियोड्रेंट
या परफ़्यूम की क़रामात होगी
जो हर किसी को
दीवाना बनाये फिरती है।
कुछ दिन और बीते तो जाना
उसका किसी सौंदर्य प्रसाधन से
कोई नाता नहीं।
और फिर...
जब उसने मुझे एक दिन
अपनी सारी मुलायमियत के साथ
अपनी बाँहों में भरा तो
उसकी देह किसी दुधमुँहे बच्चे-सी
मुसलसल महकती पाई।

उस दिन जाना
अक्सर सुच्चे दिल के
प्यारे लोगों के बदन से
नेकी की ऐसी ही महक
फूटा करती है।
सूफ़ी कहते हैं कि कुछ इत्र
बुरी रूहों को दूर रखते हुए
नेक़ रूहों को पास बुलाने का
सबब बनते हैं।
मैं भी नेक रूहों का साथ
पाना चाहती हूँ,
घर में रखती हूँ लोबान,
गुलाब-ख़स और हिना का इत्र,
और उसकी नेकी के
इत्र का फाहा
अपने सीने में संजोए रखती हूँ।

तन पर ताले

मन पर ही ताले नहीं होते,
बाज़ तन भी बँधे होते हैं
अपने ही दायरों में,
अपने ही निषेधों के बीच
रमते तन,
हो उठते हैं कठोर,
निष्प्राण और संवेदनाओं से रहित
पूरी देह बन जाती है
एक अभेद दरवाज़ा,
जिसके पार
स्पर्शों की चेतना नहीं पहुँचती,
नहीं पहुँचती
पिघलती नज़रों की मनुहार।
ऐसी देह
भीगते मेंह में भी
रह जाती है क़ोरी सूखी,
नहीं पोसती कोई अँगुलियाँ उसकी शाखाएँ,
नहीं लहराती हरियाली
उसके भीतर।

मेरी देह भी थी
ऐसा ही एक तिलिस्म,
ताले की अनंत कुंजियाँ
बिखरी थीं ब्रह्माण्ड में
पाना उनका ओर-छोर भला
किसी के बस में कहाँ था,
मैं आज भी भौचक्की हूँ
और अक्सर सोचा करती हूँ,
उस रात
तूने किस तरक़ीब से
खोले होंगे वे ताले?
तेरा एक तसव्वुर और बे नज़ीर छुअन
भला कैसे उन सभी
तालों को खोलने की
कुँजी बने होंगे
मेरे जादूगर सैयाँ!

संजीवनी रस

उसका स्पर्श
पिघलते सोने-सा
हौले-हौले
मेरी पूरी देह पर
लिपटता जाता।
उसकी अँगुलियों के पोरों से
क़तरा-क़तरा बरसता रस,
काया के रोम-रोम को
तृप्त करता हुआ,
कहीं गहराई तक भीतर बसे
मन-प्राण को संजीवनी दे देता।
उसकी छुअन
कभी सूखी टहनी-सी सख़्त
तो कभी नरम पंखों-सी
मुलायम लगती।
नाभि के इर्द-गिर्द
अँगूठे से गोलाइयाँ
रचती सिहरन
किसी अव्यक्त

रागिनी-सी बज उठती।
उसके आलिंगन में
घुल जाती सारी कामुकता,
देह की वासना से परे
कैसा मीठा-सा उसका अभिसार।
वह गढ़ता मेरी देह को
अपने हाथों से
एक मनोहारी प्रतिमा सा,
अधरों से छू कर अधर
रचता एक महाकाव्य।
हथेलियों की नरम तपिश से
थपथपाते हुए
बना देता मुझे एक
कमनीय दैवीय मूरत।
मेरे माथे पर अपने चुम्बन से
अंकित कर देता एक अमर गान।
गुनगुनाते हुए कोई धुन,
बना देता मेरी देह को एक साज़,
जिस पर बज उठते
उसकी ही सराहनाओं के सुर।
उफ़्फ़!
ये मैं क्या कर रही हूँ?
जिस्म को रूहानी तजुर्बों तक
ले जानी वाली
उसकी छुअन
अल्फ़ाज़ में बयाँ कर रही हूँ।

हौले-हौले

वह दबे पाँव,
मेरे पायताने आता,
मुझे सहलाता,
मुझे हौले से जगा कर
संग अपने
परियों के देश ले जाता।
बिठाकर अरमानों के
उड़नखटोले में,
अपनी शहज़ादी को
आसमानों की सैर करवाता।
जाने कितने
नक्षत्रों और तारिकाओं के
चक्कर लगा आते हम।
फिर वह बड़े ही नेह से
मेरी देह पर
अपने आने की आमद के
अदृश्य स्नेह-चिह्न
अंकित करता चला जाता।
देहरूपी नगर के

एक-एक बाशिंदे को
उसके आने की ख़बर लगती तो
जैसे एक जश्न का सा
माहौल बन जाता।
वह मेरे बालों की एक-एक लट
अपने हाथों से सुलझाता।
मेरी छाती पर
अपना कान लगाये
देर तक दिल वाली घड़ी की
टिक-टिक सुना करता,
और जैसे सब कुछ
धीमी हल्की आँच में
सुलगता चला जाता।
बख़ूबी जानता था वो कि
तेज़ आँच में अक्सर
चीज़ें जल जाती हैं।
उसे धीमी मध्यम आँच पर
सीझा प्रेम रस ही भाता था।
अर्वाह[1] का रूहानी इश्क़
ऐसा ही हुआ करता है।

---

1. आत्मा

वो क्या है...

जानते भी हो,
वह शख़्स
क्या है मेरे लिए?
गहरे गुम अँधेरों में
छिपी उजास जैसा।
खुश्क़ लबों की प्यास में भीगी
मुस्कुराहट जैसा।
किसी पहाड़ी नदी के छोरों पर उगी
नई जवाँ हरी घास जैसा।
हाथ की रेखाओं के पास
उभरे पर्वतों जैसा।
बसंती हवा में गुनगुनाते
किसी बच्चे के उल्लास जैसा।
सेहरा में बारिश की
पहली मोटी बूँद सरीखा
मुखशुद्धि के लिए रखी खुशबूदार
मीठी सौंफ जैसा।
रसोई में ताक़ पर रखे
गुड़ के मर्तबान में धरी

गुड़ की आख़िरी डली जैसा।
हीर के हाथों चूरी गयी
घी-शक्कर की चूरी जैसा।
बियाबाँ उजाड़ धरती पर
मोहब्बतों के छतनार दरख़्त जैसा।
भोर के उजलेपन में चंद्रमा की
बची रह गयी हल्की छाप जैसा।
उम्रकैदों के बाद मिली
रिहाई जैसा।
वो जब हो
तभी मेरा होना
जायज़ माना जाये।
जुनून-ए-इश्क़ में
हद से गुज़र चुकी हूँ लोगो,
बस आज से मुझे
उसकी सिरफ़िरी,
उसे मेरा ख़ुदा माना जाये!

अमृत-कलश

वह हर क्षण
मेरे अन्तस में प्रवाहित
पुण्य कर्मों की सलिला-सा,
समर्पित हैं उसके चरणों में
मेरे अहोभाव के पुष्प,
वह भोर की सुखद
स्नेहिल आगत सा,
उसके संग आती हैं
उदार सूर्य रश्मियाँ,
क्षण भर में नष्ट हो जाते
हृदय का तिमिर कलुष,
अन्तरात्मा की समस्त कुंठाएँ।
पावन है उसकी उपस्थिति
वैदिक ऋचाओं-सी,
शाश्वत है उसका प्रणय
अन्तरिक्ष में युगों-युगों से,
सृष्टि की साक्षी बनी
तारिकाओं-सा।
वह मेरे जीवन में अजस्र

ऊर्जा का स्त्रोत,
वह मेरे अवचेतन में
बसी दिव्यता है।
अतृप्त भाव
नाभि के निकट
पाते हैं आश्रय,
नाभि अज्ञात द्वार है,
जो जोड़ती
हमें अस्तित्व से,
नाभि होती है वर्तमान
वह मेरी नाभि का केंद्र
और उसमें धरा
अमृत-कलश।

देह उत्सव

उसने साधी थी
मेरी देह अपने हाथों से,
अपने होंठों से,
अपनी देह से उठते उत्ताप से,
वह जाग्रत कर रहा था
मेरी कुंडलिनी।
मेरूदंड के निचले हिस्से में
उस एक प्रथम चुम्बन ने भेदा था।
मूलाधार चक्र
साक्षी भाव में रहना सिखाया इस चक्र ने
गहन इंद्रियों के बोध से
होने लगे अनुभव अद्भुत
अदृश्य हुईं मेरी तुच्छ वासनाएँ,
तिरोहित हुईं अतृप्त कामनाएँ,
नाभि के ठीक नीचे
अपनी जिह्वा की नोक के स्पर्श से
भेदा था उसने
स्वाधिष्ठान चक्र
एक स्त्री और पुरुष के जीवन का

सबसे मुक्तिदायी भाव।
संभोग की इच्छा,
अपने बाहरी आवरणों से परे,
अपने अहं या आसक्ति व मोह से भी परे,
उस चरमोत्कर्ष क्षण के लिए
किया था हमने आत्मसमर्पण।
उसने भेद दीं सारी वर्जनाएँ,
नहीं शेष रहा कोई भय,
उसने सिखाया मुझे
कैसे प्रकट करनी है
अपनी काम ऊर्जा और
कैसे बनना है सृष्टिरूपा जननी।
हम उसी रचनात्मक ऊर्जा के साथ
भौतिक, भावात्मक व आध्यात्मिक स्तरों पर
एक साथ उबरे।
उस दिन पाठशाला में सीखा था मैंने
देह, मन व आत्मा के मेल
और समरसता का अनूठा पाठ।
उस दिन जाना था मैंने
कैसे खिलता यह ब्रह्माण्डीय आयाम।
साधा था उसने इसे
अपने दैवीय भाव से।
उसके अधरों के एक स्पर्श से
बज उठी मैं कान्हा की बाँसुरी-सी।
हमारे समागम का वह दिव्य भाव
सभी स्तरों पर प्रेम में

एकात्म होने का बना माध्यम।
शिव भी तो करते शक्ति से
इसी दिव्य भाव में संभोग।
इस भाव में कहाँ बचतीं परस्पर सीमाएँ?
मानो अपने विस्तार करते-करते
बन गये हों वे दो दर्पण।
उसने पाया मुझमें अपना स्त्रैण पक्ष,
मैं उसमें अपना पुरुष तत्व
पाने में सफल रही।
मेरी रचनात्मकता लीन हो उठी
उसके तर्कों के भीतर।
मानो मस्तिष्क के दाएँ और बाएँ पक्ष ने
पा लिया हो अपना सामंजस्य।
नाभि पर ध्यान रमाया था उसने
भेदने को
मणिपुर चक्र
निखर उठा मेरा सहज ज्ञान।
मैं तृष्णा, चुगली, भय व लज्जा जैसे
भावों से ऊपर उठी
और मेरा मुख हो उठा देदीप्यमान।
कठिन नहीं था उसके लिए भेदना
अनाहत चक्र
उसकी एक स्नेहविगलित दृष्टि से
मेरे हृदय के भीतर प्रवाहित हो उठी
शांत अजस्र सृजन की धारा।
मैंने निंदा, प्रशंसा व आलोचना से

तटस्थ रहना व श्रेष्ठ मानसिक प्रत्युत्तर
चुनना सीखा
और मैं संपूर्ण मानवता से
प्रेम करने वाली सर्वप्रिया बनी।
अपने संयम और ध्यान से भेदा था उसने
विशुद्धि चक्र
जागृत हो उठीं मेरे भीतर
सोलह कलाएँ व विभूतियाँ,
यहाँ तक आने के बाद भी
थमा नहीं मेरा साधक।
मुझे बौद्धिक सिद्धि की ओर
ले जाने के लिए
भेदा था उसने
आज्ञा चक्र
पा कर इतना ज्ञान
पाने लगी मेरी वाणी विराम।
जान गयी थी मैं
ऐसे अनुभव
मौन के ही माध्यम से संप्रेषित होंगे।
इस सूक्ष्म देह पर स्थित
सभी चक्रों को भेदने के बाद,
उसने मस्तिष्क के मध्यम भाग में
सहस्रार चक्र
पर ध्यान रमाया
हज़ार पंखुड़ियों वाले
कमल के खिलते ही

मैं अब तक मिली सारी
सिद्धियों के भी मोह से ऊपर उठी।
उस दिन उसने मेरे लिए
खोल दिए थे असीम अनंत
संभावनाओं के द्वार और
बना दिया मुझे दिव्यता का प्रतिरूप।
अपने साधक के प्रति
हृदय से उमड़ते आभार को
मात्र शब्दों में कैसे प्रकट करूँ?
प्रेम का अस्तित्व किसी साधन
का आश्रित नहीं होता न!

मन के मंजीरे

मेरे घर की पिछली बगिया में
खिले लाल गुड़हल के
फूलों की रंगत से,
मन की आस के करघे पर बुने
रंगीन सूती धागे में
उतरे सतरंगी नमूनों से,
पान की मीठी गिलौरी में
दूसरी बार डाले गये गुलकन्द से,
ठिठुरते जाड़े में
तेरे प्रेम की गरमाहट से,
सूफ़ी कलंदर के तन पर लिपटी
मोटी सूती चादर से,
प्यासे के गले से उतरती
ख़स शरबत की मिठास से,
हमारी फ़क़ीरी के आलम में
इश्क़ की नवाबी शान से,
तेरे हर शाहाना अंदाज़ से,
हमारी संजीदा उम्रों के बीच
दिल की शोख़ नादानियों से,

तेरे अदरक से तीखे मिज़ाज

और तासीर में छिपी मुहब्बत से,

तेरे कांधे पर रखे सर से

मिलने वाली राहत से,

तेरे हौसले, भरोसे

और अपनेपन के आफ़ताब[1] से

लिखे हैं

लव नोट्स!

जो तुमसे कभी कहे तो नहीं गये,

पर यकीं है कि तुमने

सुन ही लिए होंगे,

मेरी हर अनकही को

सुनने का हुनर रखने वाले।

तुमने पढ़ ही लिए होंगे

मेरी हर अधूरी इबारत को

अपने दिल से भाँप लेने वाले।

ये सतरें...

मेरा इश्क़, मेरी इबादत,

मेरी आश्ना,[2] मेरा जुनूँ,

मेरा इक़बाल,[3] मेरी बज़्म,

मेरी तिशनगी,[4] मेरा गुमान,

मेरा अत्र,[5] मेरी आराईश,[6]

मेरा इशराक़,[7] मेरा तसव्वुफ़,[8]

मेरा पयाम,[9] मेरा जमाल,[10]

---

1. सूर्य 2. प्रेमी 3. सौभाग्य 4. लालसा 5. प्रेम 6. सजावट 7. चमक 8. सूफ़ीपन
9. संदेश 10. रूप

मेरा इंतख़ाब,[1] मेरा तराना
मेरी कलम, मेरा कलमा
ये हैं
मन के मंजीरे!

□□□

---

1. पसंद

www.ingramcontent.com/pod-product-compliance
Lightning Source LLC
Chambersburg PA
CBHW051837130726
47987CB00002B/579